www.QuoraChinese.com

# ESSENTIAL GUIDE TO CHINESE HISTORY

# PART 1

# XIA DYNASTY

## *SECOND EDITION (LARGE PRINT)*

学习简单的中国历史文化

QING QING JIANG

# PREFACE

Welcome to the Chinese History series, a series dedicated to helping Mandarin Chinese learners improve Chinese reading skills. In this series, we will discover China's 5,000-year-old history. Each of the book will focus on one important ruling Chinese dynasty. The books contain numerous lessons in Mandarin Chinese. We start with a ruling dynasty specific preface (前言), a brief introduction to the dynasty or related themes, and continue to dig the important aspects of the ruling era, such as politics, economy, etc. in the form or chapters. Each book contains 5 to 10 chapters. For the readers' convenience, a comprehensive list of vocabulary has been provided at the beginning of each chapter. The pinyin for the Chinese text is provided after the main text. Further, to enforce deeper learning, the English interpretation of the Chinese text has been purposely excluded for the books. This would help the readers think deeply about the contents the way native Chinese think. In order to help the Chinese learner remember important characters, words, long words, idioms, etc., these entities have been purposely repeated throughout the book, and across the books in the series. Taken together, the books in Chinese History series will tremendously help readers improve their Chinese reading skills.

If you have any questions, suggestions, and feedbacks, feel free to let me know in the review or comments.

You can find more about China and Chinese culture on my amazon homepage.

I blog at:

### www.QuoraChinese.com

-Qing Qing

FEB 2023

©2023 Qing Qing Jiang

All rights reserved.

# ESSENTIAL GUIDE TO CHINESE HISTORY

# ACKNOWLEDGMENTS

I am a blogger. It has been a long and interesting journey since I started blogging quite a few years ago.

The blogging passion enabled me to write useful contents. In particular, I have been writing about China, and its culture.

My passion in writing was supported by my friends, colleagues, and most importantly, the almighty.

I thank everyone for constantly inspiring me in my life endeavours.

# CONTENTS

PREFACE ............................................................................................. 2
ACKNOWLEDGMENTS ..................................................................... 4
CONTENTS .......................................................................................... 5
INTRODUCTION TO THE HISTORY OF XIA DYNASTY (夏朝历史简介) .... 7
POLITICS (政治) ................................................................................ 14
ECONOMY (经济) .............................................................................. 19
MILITARY AFFAIRS (军事) .............................................................. 24
CULTURE (文化) ................................................................................ 29
FOREIGN AFFAIRS (外交) ............................................................... 38

## 前言

熟悉历史的人都知道，中国采用的是朝代更替。夏朝是我们现在所知晓的中国的第一个朝代。我们自称为华夏子孙，这其中的"夏"指的便是"夏朝"。从中我们可以看出中华民族对夏朝的一个肯定与尊敬。从夏朝开始，才有了后面的历代朝代的更替。可以说，夏朝的建立推动了历史进程的发展。为什么这么说呢？首先，夏朝建立标志着原始社会取代私有社会，这是人类文明跨越的一大步。夏朝也由之前的禅让制转化为世袭制，使中央更加集权。但是，万事开头难，一个新政权，新制度的确立，必然会引起其他保守派的反对，所以夏朝的确立和发展也没有我们想的那么简单。据统计，夏朝一共有 17 任皇帝，其间一共经营了四百余年。下面我们从政治经济，军事，文化，科技，外交六个方面全方面介绍一下夏朝。

**Qiányán**

Shúxī lìshǐ de rén dōu zhīdào, zhōngguó cǎiyòng de shì cháodài gēngtì. Xià cháo shì wǒmen xiànzài suǒ zhīxiǎo de zhōngguó de dì yīgè cháodài. Wǒmen zìchēng wèi huáxià zǐsūn, zhè qízhōng de "xià" zhǐ de biàn shì "xià cháo". Cóngzhōng wǒmen kěyǐ kàn chū zhōnghuá mínzú duì xià cháo de yīgè kěndìng yǔ zūnjìng. Cóng xià cháo kāishǐ, cái yǒule hòumiàn de lìdài cháodài de gēngtì. Kěyǐ shuō, xià cháo de jiànlì tuīdòngle lìshǐ jìnchéng de fǎ zhǎn. Wèishéme zhème shuō ne? Shǒuxiān, xià cháo jiànlì biāozhìzhe yuánshǐ shèhuì qǔdài sīyǒu shèhuì, zhè shì rénlèi wénmíng kuàyuè de yī dà bù. Xià cháo yě yóu zhīqián de chánràng zhì zhuǎnhuà wéi shìxí zhì, shǐ zhōngyāng gèngjiā jíquán. Dànshì, wànshì kāitóu nán, yī gè xīn zhèngquán, xīn zhìdù dí quèlì, bìrán huì yǐnqǐ qítā bǎoshǒu pài de fǎnduì, suǒyǐ xià cháo dí quèlì hé fāzhǎn yě méiyǒu wǒmen xiǎng dì nàme jiǎndān. Jù tǒngjì, xià zhāoyīgòngyǒu 17 rèn huángdì, qíjiān yī gòng jīngyíngle sìbǎi yú nián. Xiàmiàn wǒmen cóng zhèngzhì jīngjì, jūnshì, wénhuà, kējì, wàijiāo liù gè fāngmiàn quán fāngmiàn jièshào yīxià xià cháo.

**INTRODUCTION TO THE HISTORY OF XIA DYNASTY** (夏朝历史简介)

The Xia Dynasty (about 2070 BC - about 1600 BC) was the first hereditary dynasty recorded in Chinese history books. Yu (禹) was the founder of the Xia Dynasty. He made Yangcheng (阳城) its capital. The present location of Yangcheng is modern Dengfeng, a county-level city in Zhengzhou, Henan province (河南郑州登封). Xia Dynasty continued for fourteen generations (14 代). There were seventeen monarchs (17 后) in total.

According to the records, Yu was originally passed down throne to Yi, but Yi gave way to Yu 's son Qi (启). This event is regarded as the beginning of the "nepotism" (家天下) in Chinese history.

The surname of the Xia rules was 姒 (Si).

The date of birth and death of the Xia rulers remains unknown (生卒年不详).

The 17 monarchs of Xia Dynasty were as briefly described below:

1. **Xia Yu** (夏禹/姒禹)

Si Yu, or simply Yu, was the great-great-grandson of the Yellow Emperor (Huangdi, 皇帝).

Yu was the founding monarch of the Xia Dynasty. He was famous for water control (大禹治水). He is also known as Dayu (大禹), Emperor Yu (帝禹) and God Yu/Shenyu (神禹).

As the first emperor of the Xia Dynasty, later known as Xia Yu, he became a sage emperor who was comparable to Fuxi and Huangdi in the legendary era of ancient times. His most outstanding achievement was the control of the monstrous flood.

## 2. **Xia Qi** (夏启/姒启)

He was the son of Yu and the second king of the Xia Dynasty. He had at least five sons, including Tai Kang and Zhong Kang.

## 3. **Tai Kang** (太康)

Tai Kang was the eldest son of Qi, and the third monarch of the Xia Dynasty.

About 1978 BC Tai Kang ascended the throne and moved the capital to Zhen Xun (斟鄩, zhēn xún), located in modern Erlitou, Yanshi, Luoyang City, Henan Province (河南省洛阳市偃师二里头).

## 4. **Zhong Kang** (仲康/姒仲康)

Zhong Kang was the son of Xia Qi, younger brother of Tai Kang, and the fourth monarch of the Xia Dynasty.

After Tai Kang was deposed by Hou Yi because of the dissatisfaction of the feudal lords, Zhong Kang was appointed as a monarch king.

Hou Yi (后羿) controlled the regime of the Xia Dynasty and set up Zhong Kang as a puppet.

After Zhong Kang succeeded to the throne, he established his capital in Punyan.

Zhong Kang was a puppet ruler. He died after 7 years in power.

Basically, Hou Yi abolished Tai Kang's throne and established Tai Kang's younger brother Zhong Kang as the king of Xia. After being a puppet for seven years, Zhong Kang died.

## 5. **Xiang** (相/姒相)

Hou Yi also made Zhong Kang's son Si Xiang the king of Xia.

Xiang, the son of Zhong Kang, and the father of Shao Kang, was the fifth monarch of the Xia Dynasty.

He ruled approximately between 1943 BC - 1916 BC.

## 6. **Shao Kang** (少康)

Si Shao Kang, also known as Shaokang, the son of Si Xiang, was the sixth monarch of the Xia Dynasty. It is said that Shaokang was also Dukang (杜康), who is said to have invented the wine. According to the "Historical Records"《史记》, the monarch Shao Kang of the Xia Dynasty is also the "ancestor of winemaking" (酿酒始祖).

## 7. **Zhu** (姒杼, zhù)

Zhu was the seventh monarch of the Xia Dynasty. He reigned for total 17 years. He has several military exploits, including participation in the war to restore the Xia Dynasty led by his father Shao Kang. After his death, his son Huai succeeded him.

## 8. Huai (姒槐, huái)

Huai, the son of Zhu, who succeeded the throne after Zhu's death, became the eighth monarch of the Xia Dynasty and reigned for 44 years.

During his reign, Huai conquered several tribes who lived between Sishui (泗水) and Huaihe River (淮水). He expanded the power of the Xia Dynasty. During his reign, the social economy of the Xia Dynasty also progressed.

Huai died of illness after about forty-four years of his reign.

## 9. Mang (姒芒)

Mang, the son of Huai, was the ninth monarch of the Xia Dynasty. Mang succeeded to the throne and held a grand ceremony to sacrifice to the Yellow River. After offering sacrifices to the river, Mang went to explore the coast of the East China Sea and caught a very large fish. The ministers congratulated Mang, believing that it was given by the river god and could keep peace forever.

## 10. Xie (姒泄)

Xie, the son of Mang, was the tenth monarch of the Xia Dynasty. He ruled approximately between 1730 BC - 1706 BC. During the reign of Xie, he continued to unify the Xia Dynasty.

## 11. Bu Xiang (姒不降/不降, bù xiàng)

Bu Xiang, the son of Xie, succeeded to the throne after the death of Xie. He ascended the throne at the age of 19 and reigned for 59 years. He was the longest reigning monarch of the Xia Dynasty, and also a very effective monarch of the Xia Dynasty.

In the 59 years of his rule, the territory of the Xia Dynasty reached its largest size.

He ruled approximately between 1702 BC - 1644 BC.

## 12. Jiong (扃, jiōng)

Jiong, the son of Xie, the younger brother of Bu Xiang, was the twelfth monarch of the Xia Dynasty.

Time in office: 1643 BC - 1626 BC.

## 13. Jin (姒廑, jǐn)

Jin, the son of Jiong, was the thirteenth monarch of the Xia Dynasty. He succeeded to the throne after the death of Jiong. During his reign, the capital was moved to Xihe (西河). Xia Dynasty was strong at this time.

Jin reigned for a total of eight years, and was buried near the Xihe after her death. His cousin Kong Jia succeeded to the throne.

Time in office: 1622 BC - 1615 BC.

The ancient Xia capital Xihe is now known as Xihe village (西河村). It is located in Chengdong County, Tangyin County, Anyang City, Henan Province (河南省安阳市汤阴县).

## 14. Kong Jia (姒孔甲/孔甲, Kǒng jiǎ)

Kong Jia, the son of Bu Xiang, was the fourteenth monarch of the Xia Dynasty.

After Bu Xiang died, Kong Jia's uncle Jiong succeeded him. After Jiong's death, Jiong's son (Kong Jia's cousin) Jin succeeded him. After Jin's death, Kong Jia succeeded him.

Kong Jia died in the 9th year of his reign. His son Gao succeeded him.

Time in office: 1612 BC - 1604 BC.

## 15. Gao (皋, gāo)

Gao, the son of Kong Jia, was the fifteenth monarch of the Xia Dynasty. He succeeded to the throne after Kong Jia's death. According to legends, he was buried in Laoshan (modern Luoning, Henan, 河南洛宁).

## 16. Fa (发, fā)

Fa, a native of Xihe (now Anyang City, Henan Province), was the sixteenth monarch of the Xia Dynasty. He took several steps to make the Xia Dynasty more powerful. However, under the rule of his son Jie, the Xia Dynasty turned from prosperity to decline, and finally to its demise.

## 17. Jie (桀, jié)

Xia Jie was the last monarch of the Xia Dynasty, the son of Emperor Fa, a famous tyrant in ancient history.

The Xia Dynasty started from the "west of Henan Province and the south of Shanxi Province" in the west, to the "junction of Henan Province, Shandong Province and Hebei Province" in the east, to the "north of Hubei Province" in the south, and to the "south of Hebei Province" in the north. The geographic center of this area is in the present-day Henan.

Through the research on the history of Xia, Shang and Zhou Dynasties, and the project to explore the origin of Chinese civilization, the social dynamics from 2500 BC to 1500 BC, that is, from the Yao and Shun eras to the Xia and Shang dynasties, was has been uncovered.

The discovery of Erlitou Ruins (二里头遗址) in Yanshi, Henan has revealed the mystery of the ancient Xia Capital (夏都). It has gradually become a consensus among scholars that the Erlitou Ruins are the remains of the capital of the Xia Dynasty.

# POLITICS (政治)

| #  | 汉字     | Pinyin         | English |
|----|----------|----------------|---------|
| 1  | 夏朝     | Xià cháo       | Xia Dynasty |
| 2  | 政治制度 | Zhèngzhì zhìdù | Political system |
| 3  | 世袭     | Shìxí          | Inherit; hereditary |
| 4  | 听起来   | Tīng qǐlái     | Sound; ring |
| 5  | 一句话   | Yījù huà       | In a word; in short |
| 6  | 世代     | Shìdài         | For generations; from generation to generation |
| 7  | 皇位     | Huángwèi       | Throne |
| 8  | 尧舜     | Yáoshùn        | Yao and Shun, ancient sages |
| 9  | 就是说   | Jiùshì shuō    | That is to say; in other words; namely |
| 10 | 统治者   | Tǒngzhì zhě    | Ruler; sovereign |
| 11 | 选拔     | Xuǎnbá         | Select; choose |
| 12 | 出身     | Chūshēn        | Class origin; family background |
| 13 | 德行     | Déxíng         | Disgusting; shameful; moral integrity; moral conduct |
| 14 | 普通人   | Pǔtōng rén     | Ordinary People; a common man |
| 15 | 推举     | Tuījǔ          | Elect; choose |
| 16 | 从此以后 | Cóngcǐ yǐhòu   | From this moment on, henceforth |
| 17 | 政治上   | Zhèngzhì shàng | Political; in politics |
| 18 | 也就是说 | Yě jiùshì shuō | In other words; that is to say |
| 19 | 家族关系 | Jiāzú guānxì   | Kinship |
| 20 | 政治关系 | Zhèngzhì guānxì | Political relation |
| 21 | 基本上   | Jīběn shàng    | Mainly |
| 22 | 遗留     | Yíliú          | Leave over; hand down |

| 23 | 社会地位 | Shèhuì dìwèi | Social levels; social position; social status |
| --- | --- | --- | --- |
| 24 | 奴役 | Núyì | Enslave; keep in bondage |
| 25 | 地主 | Dìzhǔ | Landlord; landowner; host |
| 26 | 贵族 | Guìzú | Noble; nobleman; aristocrat; nobility |
| 27 | 剥削 | Bōxuè | Exploit |
| 28 | 压迫 | Yāpò | Oppress; repress; constrict; stress |
| 29 | 在社会上 | Zài shèhuì shàng | Socially; in society |
| 30 | 奴隶主 | Núlì zhǔ | Slave owner; slaveholder |
| 31 | 社会矛盾 | Shèhuì máodùn | Social contradictions |
| 32 | 分封制 | Fēnfēng zhì | Feudal system of landholding |
| 33 | 分封 | Fēnfēng | Enfeoff |
| 34 | 指的是 | Zhǐ de shì | Refers to; means |
| 35 | 王室 | Wángshì | Royal family |
| 36 | 辈分 | Bèifen | Seniority in the family or clan; position in the family hierarchy |
| 37 | 分等级 | Fēn děngjí | Graduation |
| 38 | 不一样 | Bù yīyàng | Different; unlike; Not the same |

## Chinese (中文)

在政治层面，世袭制是夏朝最根本的政治制度。虽然世袭制听起来好像很难理解的样子，但用一句话来说就是世代继承皇位，这样是不是就能理解了呢，那么问题来了，世袭制究竟是怎么出现的呢？

在尧舜禹时期，挑选接任者都是选贤与能，意思就是说下一任统治者从贤才当中挑选。而选拔贤才，无关出身，无关地位，凭的是才能和德行，哪怕是普通人都可以被选上。而到了禹这一代，本来是应该由伯益继承他的位置，但是伯益最终没有得到大家的支持，人们最后推举了禹的儿子启继承皇位。

从此以后，世袭制便代替了禅让制，因此夏朝在政治上很大的一个特点是由传贤变为传子。也就是说，在夏朝以前，下一任继承者都是根据贤能德才挑选的，而在夏朝之后，皇位是继承给自己的子孙。从那时开始，家族关系变成了政治关系，基本上一个政治集团的人都是一家人。

除了世袭制以外，奴隶制也是夏朝政治制度的一大特征。什么是奴隶制呢？顾名思义，就是对奴隶所做出的一些制度法规，而这些法规，大多都是对奴隶的一种压迫和奴役，是不平等的。

这些奴隶大多是战争遗留下来的，奴隶的社会地位非常低下，比普通平民还要低。所以大多数的奴役都是被地主和贵族所剥削和压迫，过着相当艰难的生活，在社会上很难生产下去，因此和奴隶主产生了很多的矛盾，而奴隶和奴隶主的矛盾，又构成了当时主要的社会矛盾之一。

最后再来讲一讲分封制，分封指的是对中央以外的其他王室和部落的分封。夏朝建立后，其他王室分别分封各个部落，各个王室贵族之间划分了各自的势力区域范围，各部落按照辈分的高低和关系亲疏来确定等级，相当于是一个分等级的社会，不同等级之间享受的服务也是不一样的，人与人之间不是平等的。

# Pinyin (拼音)

Zài zhèngzhì céngmiàn, shìxí zhì shì xià cháo zuì gēnběn de zhèngzhì zhìdù. Suīrán shìxí zhì tīng qǐlái hǎoxiàng hěn nán lǐjiě de yàngzi, dàn yòng yījù huà lái shuō jiùshì shìdài jìchéng huángwèi, zhèyàng shì bùshì jiù néng lǐjiěle ne, nàme wèntí láile, shìxí zhì jiùjìng shì zěnme chūxiàn de ne?

Zài yáoshùn yǔ shíqí, tiāoxuǎn jiērèn zhě dōu shì xuǎn xián yǔ néng, yìsi jiùshì shuō xià yīrèn tǒngzhì zhě cóng xián cái dāngzhōng tiāoxuǎn. Ér xuǎnbá xián cái, wúguān chūshēn, wúguān dìwèi, píng de shì cáinéng hé déxíng, nǎpà shì pǔtōng rén dōu kěyǐ bèi xuǎn shàng. Ér dàole yǔ zhè yīdài, běnlái shì yīnggāi yóu bó yì jìchéng tā de wèizhì, dànshì bó yì zuìzhōng méiyǒu dédào dàjiā de zhīchí, rénmen zuìhòu tuījǔle yǔ de érzi qǐ jìchéng huángwèi.

Cóngcǐ yǐhòu, shìxí zhì biàn dàitìle chánràng zhì, yīncǐ xià cháo zài zhèngzhì shàng hěn dà de yīgè tèdiǎn shì yóu chuán xián biàn wèi chuán zi. Yě jiùshì shuō, zài xià cháo yǐqián, xià yīrèn jìchéng zhě dōu shì gēnjù xiánnéng dé cái tiāoxuǎn de, ér zài xià zhāo zhīhòu, huángwèi shì jìchéng jǐ zìjǐ de zǐsūn. Cóng nà shí kāishǐ, jiāzú guānxì biàn chéngle zhèngzhì guānxì, jīběn shàng yīgè zhèngzhì jítuán de rén dōu shì yījiā rén.

Chúle shìxí zhì yǐwài, núlì zhì yěshì xià cháo zhèngzhì zhìdù de yī dà tèzhēng. Shénme shì núlì zhì ne? Gùmíngsīyì, jiùshì duì núlì suǒ zuò chū de yīxiē zhìdù fǎguī, ér zhèxiē fǎguī, dàduō dōu shì duì núlì de yī zhǒng yāpò hé núyì, shì bù píngděng de.

Zhèxiē núlì dàduō shì zhànzhēng yíliú xiàlái de, núlì de shèhuì dìwèi fēicháng dīxià, bǐ pǔtōng píngmín hái yào dī. Suǒyǐ dà duō shǔ de núyì dōu shì bèi dìzhǔ hé guìzú suǒ bōxuè hé yāpò, guòzhe xiāngdāng jiānnán de shēnghuó, zài shèhuì shàng hěn nán shēngchǎn xiàqù, yīncǐ hé núlì zhǔ chǎnshēngle hěnduō de máodùn, ér núlì hé núlì zhǔ de máodùn, yòu gòu chéng liǎo dàng shí zhǔyào de shèhuì máodùn zhī yī.

Zuìhòu zàilái jiǎng yī jiǎng fēnfēng zhì, fēnfēng zhǐ de shì duì zhōngyāng yǐwài de qítā wángshì hé bùluò de fēnfēng. Xià cháo jiànlì hòu, qítā wángshì fēnbié fēnfēng gège bùluò, gège wángshì guìzú zhī jiān huàfēnle gèzì de shìlì qūyù fànwéi, gè bùluò ànzhào bèifen de gāodī hé guānxì qīnshū lái quèdìng děngjí, xiāngdāng yúshì yīgè fēn děngjí de shèhuì, bùtóng děngjí zhī jiān xiǎngshòu de fúwù yěshì bù yīyàng de, rén yǔ rén zhī jiān bùshì píngděng de.

# ECONOMY (经济)

| | | | |
|---|---|---|---|
| 1 | 农业 | Nóngyè | Agriculture; farming |
| 2 | 取得 | Qǔdé | Acquire; gain; obtain |
| 3 | 较大 | Jiào dà | More |
| 4 | 毕竟 | Bìjìng | After all; all in all; when all is said and done; in the final analysis |
| 5 | 当时 | Dāngshí | Then; at that time; just at that moment |
| 6 | 投放 | Tóufàng | Throw in; put in; put into circulation |
| 7 | 很多 | Hěnduō | A lot of; a great many of; a good many of |
| 8 | 精力 | Jīnglì | Energy; vigour |
| 9 | 思索 | Sīsuǒ | Think deeply; ponder; speculate |
| 10 | 淹没 | Yānmò | Submerge; flood; inundate; drown |
| 11 | 农田 | Nóngtián | Farmland; cropland; cultivated land |
| 12 | 农作物 | Nóng zuòwù | Crops |
| 13 | 得当 | Dédàng | Apt; appropriate; proper; suitable |
| 14 | 水灾 | Shuǐzāi | Flood; inundation |
| 15 | 劳动人民 | Láodòng rénmín | Laboring people; working people |
| 16 | 朝代 | Cháodài | Dynasty |
| 17 | 陶器 | Táoqì | Earthenware; pottery; pottery ware; crockery |
| 18 | 石器 | Shíqì | Stone implements; stone artifact; stone vessel |

| 19 | 青铜器 | Qīngtóngqì | Bronze ware |
|---|---|---|---|
| 20 | 手工业 | Shǒugōngyè | Handicraft industry; handicraft; manufacture |
| 21 | 器物 | Qìwù | Implements; utensils |
| 22 | 在生产过程中 | Zài shēngchǎn guòchéng zhōng | In course of manufacture |
| 23 | 可以说 | Kěyǐ shuō | It is not too much to say; it is too much to say; so to speak |
| 24 | 炉火纯青 | Lúhuǒ chúnqīng | The stove fire is pure green; perfection in one's studies; high degree of professional proficiency |
| 25 | 一段时间 | Yīduàn shíjiān | A period of time |
| 26 | 考察 | Kǎochá | Inspect; investigate |
| 27 | 冶炼 | Yěliàn | Smelt |
| 28 | 痕迹 | Hénjī | Mark; vestige; imprint; impression |
| 29 | 出土 | Chūtǔ | Be unearthed; be excavated; come up; come up out of the ground |
| 30 | 文物 | Wénwù | Cultural relic; historical relic |
| 31 | 佐证 | Zuǒzhèng | Evidence; proof |
| 32 | 进入 | Jìnrù | Get into; enter; entry; entering |
| 33 | 青铜时代 | Qīngtóng shídài | Bronze age |
| 34 | 再来 | Zàilái | Come again; request/order a repetition |
| 35 | 畜牧业 | Xùmù yè | Animal husbandry; stock farming |

| 36 | 快速发展 | Kuàisù fāzhǎn | Rapid growth |
| 37 | 畜牧 | Xùmù | Raise livestock; rear livestock; rear poultry |
| 38 | 有一些 | Yǒu yīxiē | Some |
| 39 | 部落 | Bùluò | Tribe |
| 40 | 主业 | Zhǔ yè | Main occupation; core business |
| 41 | 尤其是 | Yóuqí shì | In particular; the more so; to crown all |
| 42 | 马匹 | Mǎpǐ | Horse |
| 43 | 出行 | Chūxíng | Go on a (long) journey |

## Chinese (中文)

在农业上，夏朝还是取得了较大的发展的，毕竟当时还是个农业社会，投放了很多精力在农业的发展上。

早在之前大禹治水的时候，人们就开始思索，如何变害为宝。虽然说洪水能够淹没很多建筑农田，但是水源也可以灌溉农作物，同时也带来了肥沃的土壤，十分适宜生长农作物，只要加以得当的处理，控制水源的流入与使用，便可以使水灾变为水利。在夏朝，经过劳动人民的不断实践，农业方面得到了进一步的发展。

一个朝代的发展，光靠农业也是不够的。在工业上，当时的陶器石器青铜器等手工业，也有了进一步的发展。

就陶器而言，当时不仅能做出各种颜色，各种样式的器物，在生产过程中还应用了比较先进的技术。

在制作石器方面，技术可以说是炉火纯青了，毕竟石器早就出现了，有了很长一段时间的发展。

据考察，夏朝已经有了冶炼青铜器的痕迹。而且现在出土的一些文物也可以佐证，夏朝已经进入了青铜时代。

最后再来讲一讲畜牧业，随着农业的快速发展，畜牧业也有了一定的进步。当时已经有一批奴隶在从事畜牧业了，也有一些部落以此为主业，尤其是对于马的饲养，当时对马匹的需求非常大，是人们日常出行的工具。

**Pinyin (拼音)**

Zài nóngyè shàng, xià cháo háishì qǔdéle jiào dà de fā zhǎn de, bìjìng dāngshí háishì gè nóngyè shèhuì, tóufàngle hěnduō jīnglì zài nóngyè de fā zhǎn shàng.

Zǎo zài zhīqián dà yǔ zhìshuǐ de shíhòu, rénmen jiù kāishǐ sīsuǒ, rúhé biàn hài wéi bǎo. Suīrán shuō hóngshuǐ nénggòu yānmò hěnduō jiànzhú nóngtián, dànshì shuǐyuán yě kěyǐ guàngài nóngzuòwù, tóngshí yě dài láile féiwò de tǔrǎng, shífēn shìyí shēngzhǎng nóngzuòwù, zhǐyào jiāyǐ dédàng de chǔlǐ, kòngzhì shuǐyuán de liúrù yǔ shǐyòng, biàn kěyǐ shǐ shuǐzāi biàn wéi shuǐlì. Zài xià cháo, jīngguò láodòng rénmín de bùduàn shíjiàn, nóngyè fāngmiàn dédàole jìnyībù de fā zhǎn.

Yīgè cháodài de fā zhǎn, guāng kào nóngyè yěshì bùgòu de. Zài gōngyè shàng, dāngshí de táoqì shíqì qīngtóngqì děng shǒugōngyè, yěyǒule jìnyībù de fā zhǎn.

Jiù táoqì ér yán, dāngshí bùjǐn néng zuò chū gè zhǒng yánsè, gè zhǒng yàngshì de qìwù, zài shēngchǎn guòchéng zhōng hái yìngyòngle bǐjiào xiānjìn de jìshù.

Zài zhìzuò shíqì fāngmiàn, jìshù kěyǐ shuō shì lúhuǒchúnqīngle, bìjìng shíqì zǎo jiù chūxiànle, yǒule hěn zhǎng yīduàn shíjiān de fā zhǎn.

Jù kǎochá, xià cháo yǐjīng yǒule yěliàn qīngtóngqì de hénjī. Érqiě xiànzài chūtǔ de yīxiē wénwù yě kěyǐ zuǒzhèng, xià cháo yǐjīng jìnrùle qīngtóng shídài.

Zuìhòu zàilái jiǎng yī jiǎng xùmù yè, suízhe nóngyè de kuàisù fāzhǎn, xùmù yè yěyǒule yīdìng de jìnbù. Dāngshí yǐjīng yǒuyī pī núlì zài cóngshì xùmù yèle, yěyǒu yīxiē bùluò yǐ cǐ wéi zhǔ yè, yóuqí shì duìyú mǎ de sìyǎng, dāngshí duì mǎpǐ de xūqiú fēicháng dà, shì rénmen rìcháng chūxíng de gōngjù.

# MILITARY AFFAIRS (军事)

| 1 | 俗话 | Súhuà | Common saying; popular saying; proverb; adage |
|---|---|---|---|
| 2 | 打江山 | Dǎ jiāngshān | Fight for sovereignty over rivers and mountains; seize political power by force |
| 3 | 江山 | Jiāngshān | Rivers and mountains; land; landscape |
| 4 | 必定 | Bìdìng | Certainly; undoubtedly |
| 5 | 军事力量 | Jūnshì lìliàng | Military force; military strength |
| 6 | 相当于 | Xiāngdāng yú | Be equal to, correspond to, be equivalent to |
| 7 | 统治者 | Tǒngzhì zhě | Ruler; sovereign |
| 8 | 控制权 | Kòngzhì quán | Power/right of control |
| 9 | 仿佛 | Fǎngfú | Seem; as if; be more or less the same; be alike |
| 10 | 默认 | Mòrèn | Give tacit consent to; tacitly approve; acquiesce in |
| 11 | 壮年 | Zhuàngnián | Between 30 and 40; the prime of one's life; mature; summer |
| 12 | 征战 | Zhēngzhàn | Go on an expedition |
| 13 | 条文 | Tiáowén | Article; clause |
| 14 | 不规范 | Bù guīfàn | Lack of standardization |
| 15 | 中央集权 | Zhōngyāng jíquán | Centralization |
| 16 | 在当时 | Zài dāngshí | At that time; in those days; at the time |
| 17 | 随随便便 | Suí suí pián pián | Be rather casual; an offhand manner; be careless about things; casually |

| 18 | 一个人 | Yīgè rén | Alone |
|---|---|---|---|
| 19 | 骁勇 | Xiāoyǒng | Brave; valiant |
| 20 | 好战 | Hào zhàn | Bellicose; warlike |
| 21 | 不可以 | Bù kěyǐ | Can't; no; not allowed; mustn't |
| 22 | 胆小 | Dǎn xiǎo | Timid; cowardly |
| 23 | 管理方式 | Guǎnlǐ fāngshì | Supervisor mode |
| 24 | 法律规定 | Fǎlǜ guīdìng | Legal provision; legal rules; provision of law |
| 25 | 怠慢 | Dàimàn | Cold-shoulder; slight |
| 26 | 受到惩罚 | Shòudào chéngfá | Be punished |
| 27 | 极高 | Jí gāo | Polar altitude |
| 28 | 积极性 | Jījíxìng | Initiative; activity; aggressiveness; fire in somebody's belly |
| 29 | 战斗力 | Zhàndòulì | Combat effectiveness; fighting capacity; sword |
| 30 | 奋勇 | Fènyǒng | Summon up all one's courage and energy |
| 31 | 杀敌 | Shā dí | Fight the enemy; engage in battle |
| 32 | 闻风丧胆 | Wénfēngsàngdǎn | Tremble with fear on hearing of; be alarmed at mere rumors |
| 33 | 独当一面 | Dúdāng yīmiàn | Take charge as chief of one of the fronts; |
| 34 | 步兵 | Bùbīng | Infantry |
| 35 | 平时 | Píngshí | In normal times; at ordinary times; in peacetime |
| 36 | 行军 | Xíngjūn | March |
| 37 | 打仗 | Dǎzhàng | Fight; go to war; make war |
| 38 | 步行 | Bùxíng | Go on foot; walk |
| 39 | 开始出现 | Kāishǐ chūxiàn | Starting occurrence; started |

| | | | happening |
|---|---|---|---|
| 40 | 交通工具 | Jiāotōng gōngjù | Means of communications; means of transportation; transportation facility |
| 41 | 行进 | Xíng jìn | Process; march forward; advance |
| 42 | 行军速度 | Xíng jūn sùdù | Rate of march |

## Chinese (中文)

俗话说得好，打江山容易，守江山难。一个朝代的建立后，必定需要相应的军事力量为之巩固。在夏朝，这个时候已经出现了军队。而军队的出现，正是为了巩固统治，相当于就是统治者控制权力的工具。

在夏朝之前，最高统治者并没有专门设立军队，而是由青壮年男子来担任。仿佛人们都默认为青壮年男子就应该去替国家征战，但是在法律上并没有条文如此规定，所以其实是很不规范的。

在夏朝建立后，由于中央集权的发展，建立一支专门的军队也是顺势而为。这既是为了权力的巩固，也是为了国家稳定的发展。

而且在当时，军队内部的规律是特别严格的，不是随随便便的一个人都可以入军队。而且一旦进入军队，就必须要骁勇好战，不可以做胆小之徒。虽然刚刚建立起来，但是对军队的管理方式还是挺成熟的。

甚至还有法律规定，给那些勇敢作战的士兵奖励，而那些消极怠慢的士兵则会受到惩罚。这一举措无疑极高的提高了军队的积极性和战斗力，士兵们平时努力锻炼，上战场奋勇杀敌，让敌人闻风丧胆。

虽然当时军队的数量不多，但是质量很高，如果上战场的话，每一支队伍都能独当一面。

由于生产力水平的限制，当时的军队仍就以步兵为主，也就是说平时行军打仗都是靠步行。但是此时车兵也已经开始出现了，车兵则利用交通工具行进，进一步提升行军速度和效率。

## Pinyin (拼音)

Súhuà shuō dé hǎo, dǎ jiāngshān róngyì, shǒu jiāngshān nán. Yīgè cháodài de jiànlì hòu, bìdìng xūyào xiāngyìng de jūnshì lìliàng wéi zhī gǒnggù. Zài xià cháo, zhège shíhòu yǐjīng chūxiànle jūnduì. Ér jūnduì de chūxiàn, zhèng shì wèile gǒnggù tǒngzhì, xiāngdāng yú jiùshì tǒngzhì zhě kòngzhì quánlì de gōngjù.

Zài xià zhāo zhīqián, zuìgāo tǒngzhì zhě bìng méiyǒu zhuānmén shèlì jūnduì, ér shì yóu qīng zhuàngnián nánzǐ lái dānrèn. Fǎngfú rénmen dōu mòrèn wéi qīng zhuàngnián nánzǐ jiù yīnggāi qù tì guójiā zhēngzhàn, dànshì zài fǎlǜ shàng bìng méiyǒu tiáowén rúcǐ guīdìng, suǒyǐ qíshí shì hěn bù guīfàn de.

Zài xià cháo jiànlì hòu, yóuyú zhōngyāng jíquán de fā zhǎn, jiànlì yī zhī zhuānmén de jūnduì yěshì shùnshì ér wéi. Zhè jìshì wèile quánlì de gǒnggù, yěshì wèile guójiā wěndìng de fā zhǎn.

Érqiě zài dāngshí, jūnduì nèibù de guīlǜ shì tèbié yángé de, bùshì suí suí pián pián de yīgè rén dōu kěyǐ rù jūnduì. Érqiě yīdàn jìnrù jūnduì, jiù bìxū yào xiāoyǒng hào zhàn, bù kěyǐ zuò dǎn xiǎo zhī tú. Suīrán gānggāng jiànlì qǐlái, dànshì duì jūnduì de guǎnlǐ fāngshì háishì tǐng chéngshú de.

Shènzhì hái yǒu fǎlǜ guīdìng, gěi nàxiē yǒnggǎn zuòzhàn dí shìbīng jiǎnglì, ér nàxiē xiāojí dàimàn dí shìbīng zé huì shòudào chéngfá. Zhè yī jǔcuò wúyí jí gāo de tígāole jūnduì de jījíxìng hé zhàndòulì, shìbīngmen píngshí nǔlì duànliàn, shàng zhànchǎng fènyǒng shā dí, ràng dírén wénfēngsàngdǎn. Suīrán dāngshí jūnduì de shùliàng bù duō, dànshì zhìliàng hěn gāo, rúguǒ shàng zhànchǎng dehuà, měi yī zhī duìwǔ dōu néng dúdāngyīmiàn.

Yóuyú shēngchǎnlì shuǐpíng de xiànzhì, dāngshí de jūnduì réng jiù yǐ bùbīng wéi zhǔ, yě jiùshì shuō píngshí xíngjūn dǎzhàng dōu shì kào bùxíng. Dànshì cǐ shí chē bīng yě yǐjīng kāishǐ chūxiànle, chē bīng zé lìyòng jiāotōng gōngjù xíngjìn, jìnyībù tíshēng xíngjūn sùdù hé xiàolǜ.

# CULTURE (文化)

| 1 | 毕竟 | Bìjìng | After all; in the final analysis |
|---|---|---|---|
| 2 | 过去了 | Guòqùle | Pass away; die |
| 3 | 很久 | Hěnjiǔ | For ages; long time; a long time ago |
| 4 | 无从 | Wúcóng | Have no way; not be in a position |
| 5 | 考证 | Kǎozhèng | Textual criticism; textual research |
| 6 | 记载 | Jìzǎi | Put down in writing; record |
| 7 | 史料 | Shǐliào | Historical data; historical materials |
| 8 | 我们不能 | Wǒmen bùnéng | We cannot; Not we; We are unable to |
| 9 | 探究 | Tànjiù | Exploration; make a thorough inquiry |
| 10 | 商朝 | Shāng cháo | Shang Dynasty (1700 BC-1045 BC) |
| 11 | 甲骨文 | Jiǎgǔwén | Inscriptions on bones or tortoise shells of the Shang Dynasty |
| 12 | 这般 | Zhè bān | Such; so; like this |
| 13 | 言之凿凿 | Yán zhī zuò záo | Say something with certainty; be positive about a thing, event, etc.; speak on good grounds |
| 14 | 不管怎么说 | Bùguǎn zěnme shuō | Anyhow |
| 15 | 很大程度上 | Hěn dà chéngdù shàng | To a great extent; largely; to a large extent |
| 16 | 铺垫 | Pūdiàn | Bedding |
| 17 | 朝代 | Cháodài | Dynasty |
| 18 | 有理由 | Yǒu lǐyóu | There are grounds/reasons to; have the reason to; well founded |

| 19 | 汉字 | Hànzì | Chinese character; Chinese ideograph |
|---|---|---|---|
| 20 | 起源 | Qǐyuán | Origin; beginning; derivation; rise in |
| 21 | 出土 | Chūtǔ | Be unearthed; be excavated; |
| 22 | 文物 | Wénwù | Cultural relic; historical relic |
| 23 | 文字 | Wénzì | Characters; script; writing; written language |
| 24 | 名叫 | Míng jiào | Call; by the name of |
| 25 | 提到 | Tí dào | Mention; refer to |
| 26 | 篆书 | Zhuànshū | Seal character |
| 27 | 小篆 | Xiǎozhuàn | A style of calligraphy during the Qin Dynasty to standardize the script |
| 28 | 历史上 | Lìshǐ shàng | Historically; in history |
| 29 | 还有 | Hái yǒu | There is still some left; still; furthermore; in addition |
| 30 | 说法 | Shuōfǎ | Way of saying a thing; wording; formulation |
| 31 | 找到 | Zhǎodào | Find; seek out; hit |
| 32 | 证据 | Zhèngjù | Evidence; proof; testimony |
| 33 | 否认 | Fǒurèn | Deny; repudiate |
| 34 | 考古 | Kǎogǔ | Engage in archaeological studies; archaeology |
| 35 | 当中 | Dāngzhōng | In the middle; in the centre |
| 36 | 挖掘 | Wājué | Excavate; unearth; dig; tap |
| 37 | 成果 | Chéngguǒ | Achievement; fruit; gain; positive result |
| 38 | 遗址 | Yízhǐ | Ruins; site; relics; remainder |
| 39 | 处于 | Chǔyú | Be |

## Chinese (中文)

对于夏朝的文化，我们了解的还是比较少的，毕竟是几千年前的事情，已经过去了很久了，很多东西我们无从考证，有相关的记载的史料也很少。也正因如此，我们不能很全面的去探究夏朝文化。

夏朝不像商朝那般，没有发现像甲骨文这般言之凿凿的文字。但是我们就能说夏朝没有文化吗？那必然是不行的，因为没有证据，不代表没有。

但不管怎么说，商周文化的繁荣，很大程度上是建立在夏朝的基础上的，没有夏朝的铺垫，后面的朝代也难以立刻达到繁荣的地步，所以我们有理由相信夏朝的文化也是达到了一定的水平。

大多数的人都只知道汉字的起源是商朝的甲骨文，因为甲骨文已经有了出土的文物证实了，但其实这里的甲骨文已经指的是成熟的汉字。在夏朝，其实也是有文字的，可能不太成熟，名叫夏篆。

提到篆书，人们可能只知道大篆和小篆。但是历史上还有夏篆的说法，虽然未直接找到证据，但是我们不能直接否认它的存在。

在考古工作当中，夏朝文物的挖掘成果还是比较有限的。目前的考古工作，发现了一处二里头遗址。据考古人员调查，这处遗址应该是处于夏朝时期，二里头遗址的挖掘，推动了对夏朝文化的进一步调查，有关夏朝文化的研究，还在进行当中。

## Pinyin (拼音)

Duìyú xià cháo de wénhuà, wǒmen liǎojiě de háishì bǐjiào shǎo de, bìjìng shì jǐ qiān nián qián de shìqíng, yǐjīng guòqùle hěnjiǔle, hěnduō dōngxī wǒmen wúcóng kǎozhèng, yǒu xiāngguān de jìzǎi de shǐliào yě hěn shǎo. Yě zhèng yīn rúcǐ, wǒmen bùnéng hěn quánmiàn de qù tànjiù xià cháo wénhuà.

Xià zhāo bù xiàng shāng cháo nà bān, méiyǒu fāxiàn xiàng jiǎgǔwén zhè bān yán zhī zuò záo de wénzì. Dànshì wǒmen jiù néng shuō xià cháo méiyǒu wénhuà ma? Nà bìrán shì bùxíng de, yīnwèi méiyǒu zhèngjù, bù dàibiǎo méiyǒu.

Dàn bùguǎn zěnme shuō, shāng zhōu wénhuà de fánróng, hěn dà chéngdù shàng shì jiànlì zài xià cháo de jīchǔ shàng de, méiyǒu xià cháo de pūdiàn, hòumiàn de cháodài yě nányǐ lìkè dádào fánróng dì dìbù, suǒyǐ wǒmen yǒu lǐyóu xiāngxìn xià cháo de wénhuà yěshì dádàole yīdìng de shuǐpíng.

Dà duō shǔ de rén dōu zhǐ zhīdào hànzì de qǐyuán shì shāng cháo de jiǎgǔwén, yīnwèi jiǎgǔwén yǐjīng yǒule chūtǔ de wénwù zhèngshíle, dàn qíshí zhèlǐ de jiǎgǔwén yǐjīng zhǐ de shì chéngshú de hànzì. Zài xià cháo, qíshí yěshì yǒu wénzì de, kěnéng bù tài chéngshú, míng jiào xià zhuàn.

Tí dào zhuànshū, rénmen kěnéng zhǐ zhīdào dàzhuàn hé xiǎozhuàn. Dànshì lìshǐ shàng hái yǒu xià zhuàn de shuōfǎ, suīrán wèi zhíjiē zhǎodào zhèngjù, dànshì wǒmen bùnéng zhíjiē fǒurèn tā de cúnzài.

Zài kǎogǔ gōngzuò dāngzhōng, xià cháo wénwù de wājué chéngguǒ háishì bǐjiào yǒuxiàn de. Mùqián de kǎogǔ gōngzuò, fāxiànle yī chù èr lǐtou yízhǐ. Jù kǎogǔ rényuán diàochá, zhè chù yízhǐ yīnggāi shì chǔyú xià cháo shíqí, èr lǐtou yízhǐ de wājué, tuīdòngle duì xià cháo wénhuà de jìnyībù diàochá, yǒuguān xià cháo wénhuà de yánjiū, hái zài jìn háng dang zhōng.

# SCIENCE & TECHNOLOGY (科技)

| | | | |
|---|---|---|---|
| 1 | 可能会 | Kěnéng huì | Likely; may; maybe |
| 2 | 近代 | Jìndài | Modern times |
| 3 | 高大 | Gāodà | Tall and big; tall; lofty; high and noble |
| 4 | 词语 | Cíyǔ | Words and expressions; terms |
| 5 | 古代 | Gǔdài | Ancient; archaic; ancient times; antiquity |
| 6 | 孕育 | Yùnyù | Be pregnant with; breed; inoculation |
| 7 | 之中 | Zhī zhōng | In; in the midst of; among |
| 8 | 居住 | Jūzhù | Live; reside; dwell |
| 9 | 智慧 | Zhìhuì | Wisdom; intelligence; wit |
| 10 | 诞生 | Dànshēng | Be born; come into the world; come into being; emerge |
| 11 | 科技 | Kējì | Science and technology |
| 12 | 首先 | Shǒuxiān | First |
| 13 | 农业 | Nóngyè | Agriculture; farming |
| 14 | 巨著 | Jùzhù | Monumental work; great work |
| 15 | 现存 | Xiàncún | Extant; in stock; existing |
| 16 | 文献 | Wénxiàn | Document; literature |
| 17 | 后人 | Hòu rén | Later generations; futurity |
| 18 | 留下来 | Liú xiàlái | Remain; stay behind; leave behind; entail |
| 19 | 整理 | Zhěnglǐ | Arrange; put in order; reorganize; sort out |
| 20 | 低下 | Dīxià | Low; lowly |
| 21 | 劳动人民 | Láodòng | Laboring people; working people |

|    |        | rénmín      |                                                                              |
|----|--------|-------------|------------------------------------------------------------------------------|
| 22 | 学会   | Xuéhuì      | Learn; master                                                                |
| 23 | 节气   | Jiéqì       | Solar terms; 24 divisions of the solar year in the traditional Chinese calendar |
| 24 | 天文   | Tiānwén     | Astronomy                                                                    |
| 25 | 指导   | Zhǐdǎo      | Guide; direct; guidance; conduct                                             |
| 26 | 小瞧   | Xiǎoqiáo    | Underestimate; look down upon                                                |
| 27 | 不仅仅 | Bùjǐn jǐn   | More than; Not only; not just                                                |
| 28 | 一直到 | Yīzhí dào   | Through; up to                                                               |
| 29 | 涵盖   | Hángài      | Contain completely; contain; cover                                           |
| 30 | 气候   | Qìhòu       | Climate; weather; situation; successful development                          |
| 31 | 政事   | Zhèngshì    | Government affairs                                                           |
| 32 | 多方   | Duōfāng     | In many ways; in every way; with various devices                             |
| 33 | 铺垫   | Pūdiàn      | Bedding                                                                      |
| 34 | 时期   | Shíqí       | Period                                                                       |
| 35 | 出现   | Chūxiàn     | Appear; arise; emerge; grow                                                  |
| 36 | 一样   | Yīyàng      | The same; equally; alike; as... As                                           |
| 37 | 东西   | Dōngxī      | Thing; east and west; from east to west                                      |
| 38 | 那就是 | Nà jiùshì   | That is; that is to say                                                      |
| 39 | 地图   | Dìtú        | Map                                                                          |
| 40 | 可不是!| Kě bùshì!   | To be sure it is; certainly is; You don't say                                |
| 41 | 现如今 | Xiàn rújīn  | Nowadays; now; Are now                                                       |
| 42 | 而是   | Ér shì      | Not A, but B                                                                 |
| 43 | 原始   | Yuánshǐ     | Original; firsthand; primeval; primitive                                     |
| 44 | 外出   | Wàichū      | Go out; be out; egress                                                       |

| 45 | 当中 | Dāngzhōng | In the middle; in the centre |
| 46 | 见识 | Jiànshì | Widen one's knowledge; enrich one's experience |
| 47 | 高山 | Gāoshān | High mountain |
| 48 | 大河 | Dàhé | Great river |
| 49 | 辨别 | Biànbié | Differentiate; distinguish; discriminate |
| 50 | 东南西北 | Dōngnán xīběi | All directions; north, south, east and west |
| 51 | 再加上 | Zài jiā shàng | Superadd; Plus; and; more |
| 52 | 山川 | Shānchuān | Mountains and rivers -- land; landscape |
| 53 | 生产活动 | Shēngchǎn huódòng | Productive activities |

## Chinese (中文)

大家可能会想，科技是近代才出现的，因为科技一听就是比较高大上的词语。古代怎么可能会有科技呢？但是换个角度思考，科技孕育于社会之中，只要有人居住的地方，就会有智慧。只要有智慧，就会诞生科技。

关于夏朝的科技，首先来说一说《夏小正》。《夏小正》是一部关于农业方面的巨著，也是现存的最早的文献之一，后人是根据夏朝留下来的农业知识整理而成。

别看夏朝的农业生产水平比较低下，但是古代智慧的劳动人民已经学会利用节气和天文来指导农业的生产了。

不要小瞧这本书，这不仅仅是一本书，虽然最开始是一直到农业为主要目的，但是其中涉及的知识涵盖了天文地理气候政事等多方内容，为之后天文事业的发展也起到了铺垫的作用。

这个时期，还出现了一样东西，那就是地图。这里所说的地图指的可不是我们现如今的地图，而是比较原始的地图。

通常是人们在外出活动当中，见识到了很多高山和大河，同时也学会了辨别东南西北等方向，再加上通过一些简单的计算和测量，标记出主要的山川湖海，用来指导人们其他的生活生产活动。

## Pinyin (拼音)

Dàjiā kěnéng huì xiǎng, kējì shì jìndài cái chūxiàn de, yīn wéi kējì yī tīng jiùshì bǐjiào gāodà shàng de cíyǔ. Gǔdài zěnme kěnéng huì yǒu kējì ne? Dànshì huàngè jiǎodù sīkǎo, kējì yùnyù yú shèhuì zhī zhōng, zhǐyào yǒurén jūzhù dì dìfāng, jiù huì yǒu zhìhuì. Zhǐyào yǒu zhìhuì, jiù huì dànshēng kējì.

Guānyú xià cháo de kējì, shǒuxiān lái shuō yī shuō "xiàxiǎozhèng"."Xiàxiǎozhèng" shì yī bù guānyú nóngyè fāngmiàn de jùzhù, yěshì xiàncún de zuìzǎo de wénxiàn zhī yī, hòu rén shì gēnjù xià cháo liú xiàlái de nóngyè zhīshì zhěnglǐ ér chéng.

Bié kàn xià cháo de nóngyè shēngchǎn shuǐpíng bǐjiào dīxià, dànshì gǔdài zhìhuì de láodòng rénmín yǐjīng xuéhuì lìyòng jiéqì hé tiānwén lái zhǐdǎo nóngyè de shēngchǎnle.

Bùyào xiǎoqiáo zhè běn shū, zhè bùjǐn jǐn shì yī běn shū, suīrán zuì kāishǐ shì yīzhí dào nóngyè wéi zhǔyào mùdì, dànshì qízhōng shèjí de zhīshì hángàile tiānwén dìlǐ qìhòu zhèngshì děng duōfāng nèiróng, wéi zhīhòu tiānwén shìyè de fǎ zhǎn yě qǐ dàole pūdiàn de zuòyòng.

Zhège shíqí, hái chūxiànle yīyàng dōngxī, nà jiùshì dìtú. Zhèlǐ suǒ shuō dì dìtú zhǐ de kě bùshì wǒmen xiàn rújīn dì dìtú, ér shì bǐjiào yuánshǐ dì dìtú.

Tōngcháng shì rénmen zài wàichū huódòng dāngzhōng, jiànshì dàole hěnduō gāoshān hé dàhé, tóngshí yě xuéhuìle biànbié dōngnán xīběi děng fāngxiàng, zài jiā shàng tōngguò yīxiē jiǎndān de jìsuàn hé cèliáng, biāojì chū zhǔyào de shānchuān hú hǎi, yòng lái zhǐdǎo rénmen qítā de shēnghuó shēngchǎn huódòng.

# FOREIGN AFFAIRS (外交)

| 1 | 孤立 | Gūlì | Isolated; solitary; separate; isolate |
| --- | --- | --- | --- |
| 2 | 不例外 | Bù lìwài | No exception; be no exception; without exception |
| 3 | 存在于 | Cúnzài yú | Exist in; consist in; lie in; reside in |
| 4 | 同一个 | Tóng yīgè | The same that; one and the same |
| 5 | 免不了 | Miǎnbule | Be unavoidable; be bound to be |
| 6 | 打交道 | Dǎjiāodào | Come into contact with; make contact with; have dealings with; team up |
| 7 | 交往 | Jiāowǎng | Association; contact; associate with; be in contact with |
| 8 | 夏朝 | Xià cháo | Xia Dynasty |
| 9 | 周边 | Zhōubiān | Perimeter; periphery |
| 10 | 主要 | Zhǔyào | Main; chief; principal; major |
| 11 | 部落 | Bùluò | Tribe |
| 12 | 第一个 | Dì yīgè | First; the first; the first one |
| 13 | 第二个 | Dì èr gè | The second; 2nd; A second |
| 14 | 最后一个 | Zuìhòu yī gè | Last; the last one |
| 15 | 接下来 | Jiē xiàlái | Then; accept; take |
| 16 | 详细描述 | Xiángxì miáoshù | Give a minute description; detailed description; elaborate; details |
| 17 | 一下 | Yīxià | One time; once |
| 18 | 作乱 | Zuòluàn | Stage an armed rebellion; rise in revolt |
| 19 | 征伐 | Zhēngfá | Go on a punitive expedition |
| 20 | 以失败告终 | Yǐ shībài gàozhōng | End in disaster |

| 21 | 嚣张 | Xiāozhāng | Rampant; arrogant; aggressive; unbridled |
| --- | --- | --- | --- |
| 22 | 非但 | Fēidàn | Not only |
| 23 | 洪水泛滥 | Hóngshuǐ fànlàn | Inundation |
| 24 | 为非作歹 | Wéifēizuòdǎi | Do evil; break the law; carry on misdeeds; |
| 25 | 前往 | Qiánwǎng | Go to; leave for; proceed to |
| 26 | 将近 | Jiāngjìn | Be close to; almost; nearby |
| 27 | 好在 | Hǎo zài | Fortunately; luckily |
| 28 | 收服 | Shōufú | Subdue; bring under control |
| 29 | 白费 | Báifèi | Waste; in vain |
| 30 | 从此以后 | Cóngcǐ yǐhòu | From this moment on, henceforth |
| 31 | 不再 | Bù zài | No longer; not any more |
| 32 | 退出 | Tuìchū | Withdraw from; bow out; secede; quit |
| 33 | 舞台 | Wǔtái | Stage; arena |
| 34 | 接着 | Jiēzhe | Catch |
| 35 | 名字 | Míngzì | Name; title |
| 36 | 东边 | Dōngbian | The east side |
| 37 | 抗争 | Kàngzhēng | Make a stand against; resist; contend; oppose |
| 38 | 小部分 | Xiǎo bùfèn | Small; fraction |
| 39 | 归顺 | Guīshùn | Come over and pledge allegiance; yield surrender; pay allegiance to |
| 40 | 统治 | Tǒngzhì | Rule; dominate; control; govern |
| 41 | 和睦相处 | Hémù xiāngchǔ | Live together in peace; be on friendly terms with |
| 42 | 宗族 | Zōngzú | Patriarchal clan; clansman |
| 43 | 情谊 | Qíngyì | Friendship; friendly feelings; friendly sentiments |

| 44 | 势力范围 | Shìlì fànwéi | Sphere of influence; zone of influence |
| 45 | 吞并 | Tūnbìng | Annex; swallow up; merger |
| 46 | 打败 | Dǎbài | Defeat; beat; worst |

# Chinese (中文)

任何朝代都不是孤立存在的，夏朝也不例外。只要存在于同一个时间和地点，就免不了要同周边国家打交道。而当时的外交，并不是我们所想的那种和平交往，更多的是是与周边国家的战争冲突。

夏朝周边主要有三个部落，第一个是三苗，第二个是东夷，最后一个便是商。接下来我们详细描述一下。

首先来说一说三苗，三苗主要在夏朝的东南地区作乱。当时的统治者曾经多次派兵征伐三苗，但都以失败告终。这也助长了三苗的嚣张气息，非但不知悔改，而且还趁洪水泛滥的时期为非作歹，使周边百姓受到了很大的威胁。

最终还是大禹率兵前往，与三苗进行了一场将近七十余天的战争，好在最后成功收服了三苗，所有的努力都没有白费。从此以后便不再有三苗这个部落，三苗最终也是退出了历史的舞台。

接着是东夷，看名字也知道指的是东边的夷人，大部分东夷人还是和夏朝保持一种抗争的状态，只有小部分归顺了。因此东夷对夏朝的统治构成了很大的威胁，东夷和夏朝之间的战争也没有停止过。

经过了多年的杀伐后，东夷全部归顺于夏朝，最终达到了一种和睦相处的状态。

最后来说一说商，商最初只是一个宗族，和夏朝也是同时期存在的，而且还一同治过水，可以说具有一定的情谊。但是随着后期商族的发展，它不断的扩大自己的势力范围，吞并周边的小部落。等到时机成熟的时候，最终与夏朝迎来了一战，并且最终打败夏朝，建立了一个新的朝代——商朝。

## Pinyin (拼音)

Rènhé cháodài dōu bùshì gūlì cúnzài de, xià cháo yě bù lìwài. Zhǐyào cúnzài yú tóng yīgè shíjiān hé dìdiǎn, jiù miǎnbule yào tóng zhōubiān guójiā dǎjiāodào. Ér dāngshí de wàijiāo, bìng bùshì wǒmen suǒ xiǎng dì nà zhǒng hépíng jiāowǎng, gèng duō de shì shì yǔ zhōubiān guójiā de zhànzhēng chōngtú.

Xià cháo zhōubiān zhǔyào yǒusān gè bùluò, dì yīgè shì sān miáo, dì èr gè shì dōng yí, zuìhòu yīgè biàn shì shāng. Jiē xiàlái wǒmen xiángxì miáoshù yīxià.

Shǒuxiān lái shuō yī shuō sān miáo, sān miáo zhǔyào zài xià cháo de dōngnán dìqū zuòluàn. Dāngshí de tǒngzhì zhě céngjīng duō cì pàibīng zhēngfá sān miáo, dàn dōu yǐ shībài gàozhōng. Zhè yě zhùzhǎngle sān miáo de xiāozhāng qìxí, fēidàn bùzhī huǐgǎi, érqiě hái chèn hóngshuǐ fànlàn de shíqí wéifēizuòdǎi, shǐ zhōubiān bǎixìng shòudàole hěn dà de wēixié.

Zuìzhōng háishì dà yǔ lǜ bīng qiánwǎng, yǔ sān miáo jìnxíngle yī chǎng jiāngjìn qīshí yú tiān de zhànzhēng, hǎo zài zuìhòu chénggōng shōufúle sān miáo, suǒyǒu de nǔlì dōu méiyǒu báifèi. Cóngcǐ yǐhòu biàn bù zài yǒusān miáo zhège bùluò, sān miáo zuìzhōng yěshì tuìchūle lìshǐ de wǔtái.

Jiēzhe shì dōng yí, kàn míngzì yě zhīdào zhǐ de shì dōngbian de yí rén, dà bùfèn dōng yí rén háishì hé xià cháo bǎochí yī zhǒng kàngzhēng de zhuàngtài, zhǐyǒu xiǎo bùfèn guīshùnle. Yīncǐ dōng yí duì xià cháo de tǒngzhì gòuchéngle hěn dà de wēixié, dōng yí hé xiàzhāozhī jiān de zhànzhēng yě méiyǒu tíngzhǐguò. Jīngguòle duōnián de shā fá hòu, dōng yí quánbù guīshùn yú xià cháo, zuìzhōng dádàole yī zhǒng hémù xiāngchǔ de zhuàngtài.

Zuìhòu lái shuō yī shuō shāng, shāng zuìchū zhǐshì yīgè zōngzú, hé xià cháo yěshì tóngshí qí cúnzài de, érqiě huán yī tóngzhìguò shuǐ, kěyǐ shuō jùyǒu yīdìng de qíngyì. Dànshì suízhe hòuqí shāng zú de fǎ zhǎn, tā bùduàn de kuòdà zìjǐ de shìlì fànwéi, tūnbìng zhōubiān de xiǎo bùluò. Děngdào shíjī chéngshú de shíhòu, zuìzhōng yǔ xiàcháoyíng láile yī zhàn, bìngqiě zuìzhōng dǎbài xià cháo, jiànlìle yī gè xīn de cháodài——shāng cháo.

www.QuoraChinese.com

www.ingramcontent.com/pod-product-compliance
Lightning Source LLC
LaVergne TN
LVHW062000070526
838199LV00060B/4209